CABALLOS
Colección de Fotos y Datos

Asesora científica
Jennifer Gresham
Directora de Educación
Zoo New England

Traducción: Ana Izquierdo

Kidsbooks®

Copyright © 2017 Kidsbooks, LLC
3535 West Peterson Avenue
Chicago, IL 60659

Visítanos en www.kidsbooks.com

Cuarto de milla

CONTENIDO

La historia de los caballos

Los caballos son animales de manada y viven en grupos con relaciones sociales bien definidas. Como animales sociales, los caballos fueron domesticados por los humanos hace más de 5,000 años y continúan ayudando a la gente. Los caballos se han adaptado de formas importantes, y pueden vivir en una gran variedad de lugares. Algunos caballos viven solos, sin personas, y pueden encontrarse en todo el mundo.

Cuartos de milla

Caballo purasangre

Listo para cabalgar

¿Cuál es el único animal que puede correr kilómetros y saltar cercas con un jinete en la grupa? Un caballo, por supuesto. A lo largo de los siglos los caballos han ayudado a los humanos más que cualquier otro animal.

¿Poni o caballo?

Los ponis técnicamente son caballos, pero son mucho más pequeños y tienen un carácter distinto. El poni de las Shetland es el más pequeño, y mide 122 centímetros hasta la cruz. El caballo más alto, el Shire, puede medir más de 183 centímetros de altura.

Caballo Appaloosa

Caballo Shire

Poni de las Shetland

La familia de los caballos

La familia Equidae está formada por caballos, cebras y asnos. Aunque las cebras no son un tipo de caballo, hay muchas similitudes entre ellos: tienen pezuñas duras, viven y pastan en manadas y su forma física es similar.

Cebra común

Olfateando

Además de aumentar la aspiración de aire de los caballos cuando corren, sus fosas nasales les otorgan un agudo sentido del olfato. Los caballos se familiarizan con otros caballos, humanos y objetos oliéndolos de cerca.

Caballo de silla americano

Copete

Crin

Cruz

Hocico

Espalda

Codillo

Falsa rodilla

Bra

Cuartilla

Casco

Lenguaje de relinchos

El lenguaje de los caballos habla por sí mismo. Un relincho es una llamada a los caballos a la distancia. Si hay una respuesta, significa que hay un caballo cerca. Un bufido, que suena como un relincho suave, se dedica a los amigos, y se vuelve más fuerte si el caballo espera comida.

Buenas cualidades

Los caballos tienen muchas cualidades notables, entre ellas su visión panorámica, la habilidad de expresar emociones y la capacidad de dormir de pie. Debido a todas estas características especializadas, los humanos tuvieron que desarrollar un amplio vocabulario relacionado con los equinos. Desde la cola hirsuta hasta el suave hocico, cada parte del caballo tiene un nombre único.

Lomo

Grupa

Cola

Vientre

Babilla

Barril

Corvejón

Caña

¿Oyes eso?

Con sus orejas que giran como antenas, los caballos pueden captar sonidos de todas las direcciones. La posición de las orejas de un caballo también indica su humor. Si las orejas señalan hacia atrás, el caballo está enojado o asustado; si una oreja señala atrás y la otra adelante, el caballo está indeciso.

Caballo de tiro

Cuentos de ponis

Aunque parecen similares, los ponis son distintos a los caballos. Los ponis son más pequeños, y a menudo no miden más de 1.5 metros, pero tienen pie más firme que los caballos. Los páramos salvajes de las islas británicas han producido varias razas de ponis. Uno de ellos, el Dartmoor, se ha cruzado con otros caballos, así que actualmente existen pocos ponis Dartmoor de pura raza.

Caballos miniatura

Los caballos miniatura no son ponis. Esta inconfundible clase de caballos promedia 76 cm de altura hasta la cruz. Famosos por tener buen carácter y ser amistosos, los caballos miniatura también han sido criados como mascotas y animales de servicio.

Caballo resistente

El poni de Exmoor británico, considerado una de las razas nativas más antiguas, está bien adaptado a un medio ambiente severo, con sus ojos peludos y cubiertos. También son muy independientes y semisalvajes, y muchos no están domesticados.

Poni puro

Aunque se le llama caballo, el pequeño caballo islandés en realidad es un poni. No se ha cruzado con ningún otro caballo durante más de 1,000 años, así que actualmente es la raza de poni más pura del mundo.

Los primeros pasos

Como los humanos, los caballos bebés, o potros, se desarrollan gradualmente bajo el amoroso cuidado de sus madres. Cuando nace un potro, intenta sostenerse con sus temblorosas piernas antes de una hora. A partir de ahí comienza a alimentarse y a recibir los cuidados de su madre. Después de unas semanas, el potro pastará con otros caballos en los campos, y continuará tomando leche de su madre durante cerca de un año.

Cuarto de milla

La hora de la siesta

Los potros, como todos los bebés, necesitan mucho descanso. Se recuestan a menudo para echar una siesta. A la primera señal de peligro, los potros se ponen de pie rápidamente y corren al lado de su madre.

Caballos purasangre

Para distinguirlos

Un caballo hembra adulto se llama yegua, y un caballo macho adulto se llama semental. Las yeguas alcanzan la madurez entre su primer y segundo año. Las yeguas y los sementales se reproducen en primavera, la época en que hay más comida en el ambiente silvestre.

Caballos Appaloosa

Juegos de potros

Un potro hembra se llama potranca, y un potro macho se llama potrillo. Mientras crecen, les encanta jugar. Se mordisquean juguetonamente y dan patadas. Al correr juntos, los potros aprenden comportamientos de supervivencia.

Caballos Falabella

Caballo pinto

Caliente y FRÍA

Cruzar un caballo de sangre caliente con uno de sangre fría produce uno de sangre templada. Estos caballos son populares en las competiciones porque incorporan tanto las características de los sangre fría como las de los sangre caliente: fuerza y velocidad, respectivamente.

¡Qué frío!

Muchos sangre fría son caballos grandes y pesados que provienen de climas fríos. La fuerza, más que la velocidad, es lo que distingue a un sangre fría. La raza más grande del mundo, el caballo Shire británico de sangre fría, puede llegar a medir 1.83 metros hasta la cruz y pesar hasta 1,300 kilos.

Caballo Shire británico

La clasificación

Los caballos están divididos en tres grupos que indican dónde se originó su raza. Los tres tipos son los sangre caliente, los sangre fría y los sangre templada. Algunos caballos provienen de ambientes cálidos y húmedos. Otros vienen de tierras con temperaturas heladas. Y los caballos de la última categoría, los sangre templada, resultan de cruzar un sangre caliente con un sangre fría. El caballo árabe, de sangre caliente, se originó en condiciones semidesérticas donde había pocas tierras para pastar.

El color de la piel

Hay una gran variedad de colores de caballos. Uno de los más hermosos es el palomino, es decir un caballo con pelaje dorado y la crin y la cola blancas. A diferencia de la mayoría de los caballos, que están clasificados por raza, los palominos también están registrados por su color.

Los caballos a través del tiempo

De todos los animales domesticados, el caballo fue el último que domaron los humanos. Antes de utilizarlos para montar, fueron entrenados para tirar de carros y carrozas. Los antiguos griegos y romanos utilizaban caballos para carreras de carros, organizadas por primera vez en los Juegos Olímpicos de 680 a.C.

El caballo de Troya

Según la leyenda, los griegos construyeron un enorme caballo de madera y lo dejaron como "regalo" junto a las murallas de la ciudad de Troya. Cuando el caballo fue llevado al interior, los soldados griegos ocultos en el vientre hueco del caballo salieron por sorpresa y conquistaron la ciudad.

Caballo Shire

Caballos de guerra

Durante 5,000 años, hasta la Primera Guerra Mundial, los humanos utilizaron caballos en las guerras. Los antiguos guerreros luchaban contra sus enemigos cabalgando sin silla. En la Edad Media, los caballeros iban a la batalla montados en caballos que estaban tan acorazados como ellos.

Imágenes perfectas

Los pueblos antiguos cazaban caballos para alimentarse y por su piel resistente. Los científicos han encontrado antiguas pinturas rupestres que muestran escenas de personas cabalgando y cazando sobre caballos.

En América

Hace alrededor de 8,000 años se extinguieron los caballos en Norteamérica. Nadie sabe por qué. No fue sino hasta el siglo XVI, con la llegada de los conquistadores españoles a México, cuando se reintrodujeron los caballos en América. A partir del siglo XVIII los carros y carruajes atados a caballos traqueteaban por los caminos de tierra de América, transportando personas y bienes de un lugar a otro. Los caballos simplificaron la cacería y el traslado de los campamentos.

Rutas ganaderas

A partir de la década de 1860, el ganado de los ranchos de Texas se desplazaba grandes distancias para proveer a las ciudades de carne fresca. Las cuadrillas de vaqueros que realizaban este trabajo dependían completamente de sus caballos, en su mayoría mustangs salvajes.

Cuartos de milla

¡AL OESTE!

A mediados del siglo XIX, miles de estadounidenses partieron al oeste buscando más tierras y una vida mejor. Caravanas de carretas, tiradas por caballos o mulas, realizaban la travesía por las planicies y cruzaban las Montañas Rocosas. El viaje duraba meses, y muchos colonizadores y caballos no sobrevivieron a las dificultades.

Mulas

En el servicio postal

De abril de 1860 a octubre de 1861 el correo se repartía a caballo por todo Estados Unidos. El Pony Express tardaba diez días en llevar una carta de California al medio oeste. Cada jinete del Pony Express cubría un tramo de 96 kilómetros, deteniéndose a cambiar caballos cada 16 kilómetros aproximadamente.

Exhibición y deporte

Las carreras organizadas a caballo eran populares entre los antiguos griegos y romanos. Llamadas "deporte de reyes", actualmente las carreras se realizan en pistas famosas de todo el mundo. La de *steeplechase*, una forma más espectacular de carrera de caballos, comenzó en Inglaterra en el siglo XVIII. El objetivo es alcanzar un punto de referencia lejano –normalmente el campanario (*steeple*) de una iglesia– galopando por campos y saltando cercas y arbustos en el camino.

A bailar

La equitación clásica es un sistema competitivo de entrenamiento de caballos que se originó hace cientos de años. Entre los movimientos más complicados se encuentra uno en el que el caballo trota en el mismo lugar con pasos altos y elásticos, y uno en el que el caballo gira en un pequeño círculo, casi sin desplazar sus patas traseras.

Caballo purasangre

Caballo árabe

Juegos del desierto

Uno de los festivales de caballos más espectaculares, llamado fantasía, se lleva a cabo en Marruecos. En una fantasía, una hilera de jinetes carga hacia adelante hasta que su líder da una señal. Entonces los jinetes se alzan en sus estribos, detienen en seco a sus caballos, y disparan al aire con sus rifles.

Caballos bereberes

Hockey a caballo

El polo es uno de los deportes más veloces del mundo. A todo galope, dos equipos, cada uno con cuatro jinetes, usan unos mazos para golpear una bola y hacerla pasar por unos postes.

Caballos cuarto de milla y purasangre

Trabajo de burros

Con poco alimento, los burros pueden llevar cargas pesadas por largas distancias. Son fuertes y de paso seguro, y han sido utilizados como animales de carga y de monta durante miles de años.

Australia 27c

1891 Shand Mason Steam Fire Engine

Bomberos

Piensa en esto: antes de que existieran los camiones de bomberos, tres caballos grandes tiraban de los carros de bomberos. Cuando sonaba la alarma, se bajaban los arneses desde unos soportes en el techo hasta los lomos de los caballos, los bomberos los ajustaban, y en menos de cinco minutos el coche completo estaba listo para salir.

Trabajo de 9 a 5

Actualmente no vemos muchos caballos en las ciudades donde vivimos. Hoy en día la gente puede dar nostálgicos paseos por la ciudad en carrozas tiradas por caballos. Pero antes de que hubiera autos o camiones, caballos de tiro ligero como el cob galés y el bayo de Cleveland llevaban carruajes para transportar a las personas por la ciudad. Las razas de sangre fría como el Clydesdale se utilizaban para transportar cualquier cosa, desde carros de leche hasta barriles de cerveza.

Caballos de tiro

Caballo belga

Caballos de granja

Desde el año 500, cuando los chinos inventaron el arnés rígido para caballos, hasta la invención del tractor, se utilizaron caballos para todo tipo de trabajos agrícolas. En algunas partes todavía trabajan en granjas. Las competencias de arado con caballos siguen siendo populares en Europa y en EUA.

¿Qué tan salvaje es salvaje?

Tristemente, en la actualidad quedan en el mundo muy pocos caballos verdaderamente salvajes, que nunca han sido domesticados por los humanos. La pérdida de su hábitat los ha diezmado. Algunos caballos que llamamos "salvajes" en realidad deberían ser llamados "ferales". Esto significa que descienden de caballos domésticos, pero ya no están bajo el control de los humanos.

Una raza en desaparición

La última raza de caballos verdaderamente salvajes, llamados caballos de Przewalski, fue descubierta en 1881 en una zona remota del desierto de Gobi de Mongolia. Estaban extintos en la naturaleza hasta que unos individuos criados en cautiverio fueron reintroducidos en Mongolia. En 2008 había más de 300 caballos de Przewalski libres.

Caballos Morgan

Poni Chincoteague

Ponis nadadores

Algunos caballos salvajes son famosos por su gran afinidad con el agua. Los ponis Chincoteague, nativos de la costa de Virginia, y los camargueses del sur de Francia, viven en zonas pantanosas. Los Chincoteague incluso cruzan pequeños canales nadando.

MUSTANGS SALVAJES

Hace más de 400 años los españoles llevaron caballos a Norteamérica. Algunos de estos caballos españoles fuertes y veloces escaparon, se multiplicaron y formaron las manadas de mustangs que todavía corren en zonas remotas del oeste americano. Fueron cazados casi hasta su extinción, pero ahora los mustangs están protegidos por la ley.

Los caballos en la actualidad

Aunque ahora ya no dependemos tanto de los caballos como antes de inventarse el motor, siguen siendo parte esencial de la vida moderna. Se utilizan en muchos países para la agricultura y para llevar carga, y han formado parte de desfiles y procesiones durante siglos. Algunos caballos también se utilizan en rodeos, competencias en las que se ponen a prueba las habilidades desarrolladas por los vaqueros en los primeros tiempos de la cría de ganado.

¡Firmes!

Podemos ver policía montada en ciudades de todo el mundo. Su trabajo es patrullar entre multitudes, parques y espacios públicos.

Cuarto de milla

Cuarto de milla

Mulas

Abriendo camino

Los caballos, los ponis y las mulas se utilizan en trayectos silvestres, y ayudan a las personas a visitar zonas remotas e inaccesibles en auto. Sin estos animales sería imposible que las personas llevaran provisiones al fondo del Gran Cañón, por ejemplo.

El Parque Ecuestre de Kentucky

Kentucky es famoso por sus caballos y les rinde tributo en el Parque Ecuestre de Kentucky, en cuyos establos pueden verse más de 40 razas de caballos y ponis, entre ellas algunos campeones de talla mundial.

Caballos purasangre

El toque humano

La mayoría de los caballos y los ponis de la actualidad son criados por humanos. Están acostumbrados a que los toquen y a la rutina del establo. Tienen la habilidad de adaptarse a los humanos. Si se le trata y cuida de forma adecuada, el caballo formará un lazo de afecto y cercanía con el humano que se ocupa de él. El aseo también crea un estrecho vínculo entre caballo y humano.

Cuarto de milla

Caballo purasangre

Domar un caballo

Se entrena a un caballo utilizando varios métodos para limitar su tendencia a huir. Entrenar a un caballo para aceptar un bocado, una brida y finalmente un jinete, es un proceso lento que requiere paciencia y sensibilidad.

Zapatos nuevos

En los establos, a los caballos se les debe cambiar las herraduras de metal cada seis u ocho semanas. Esto no se requiere porque las herraduras viejas se desgasten, sino porque la dura corteza externa de la pezuña del caballo crece muy rápido.

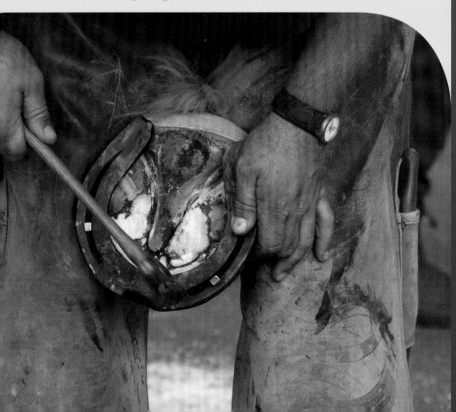

Cuarto de milla

A comer

Los caballos de establo se alimentan de grano en horas de comida regulares, y deben beber agua fresca antes de cada comida. A los caballos también les gusta el sabor de la sal y de las cosas dulces, especialmente las manzanas.

GLOSARIO

Babilla: articulación sobre el corvejón en la pata trasera, que corresponde a la rodilla humana.

Bufido: relincho suave.

Caballo de tiro: caballo utilizado para tirar de carruajes y halar materiales pesados, antes de que hubiera vehículos motorizados.

Caballo de Troya: caballo de madera de las leyendas griegas, hueco pero lleno de soldados para conquistar la ciudad de Troya.

Caballo miniatura: clase especial de caballo, no debe confundirse con un poni. Alcanzan alrededor de 76 centímetros de altura hasta la cruz.

Caña: hueso inferior de la pata de un caballo.

Copete: mechón de crin que crece en la parte delantera de la cabeza de un caballo.

Corvejón: articulación de la pata trasera de un caballo que corresponde al tobillo de un humano.

Crin: pelo largo y pesado que crece en la cabeza y el cuello de un caballo.

Cruz: parte de la anatomía de un caballo justo sobre los omóplatos.

Cuartilla: parte de la pata de un caballo que corresponde a la parte media de los dedos de un humano.

Domar: entrenar a un caballo para que siga las órdenes de un humano.

Equidae: familia de animales a la que pertenecen los caballos, y que se compone de caballos, cebras y asnos.

Equitación clásica: sistema competitivo de entrenamiento de caballos.

Feral: caballo salvaje que desciende de caballos domesticados, pero que nunca ha estado bajo el control humano.

Hocico: zona que incluye la nariz, los labios y la boca de un caballo.

Mustang: caballo pequeño y salvaje de las planicies occidentales de Norteamérica, cuyos ancestros fueron traídos de España.

Polo: deporte que se juega a caballo; los jinetes usan mazos para golpear una bola a través de unos postes de portería.

Poni: caballo pequeño que mide menos de 1.45 metros (14.2 palmos) hasta la cruz.

Poni de las Shetland: el poni más pequeño, mide 1.22 metros hasta la cruz.

Potranca: potro hembra.

Potrillo: potro macho.

Potro: caballo bebé.

Purasangre: raza de caballos criada a partir de un árabe y un bereber.

Relincho: sonido que hace un caballo cuando llama a otro.

Rodeo: evento que pone a prueba las habilidades de los vaqueros, entre ellas lazar becerros y montar caballos broncos con silla.

Sangre caliente: término utilizado para describir caballos ligeros y veloces, por ejemplo, los árabes y los bereberes, de climas cálidos.

Sangre fría: término utilizado para describir caballos grandes y pesados de climas fríos, por ejemplo, el Shire británico.

Sangre templada: cruza entre un sangre fría y un sangre caliente, por ejemplo, un pinto.

Semental: caballo macho adulto.

Shire: el caballo más alto, mide más de 1.83 metros de altura.

Steeplechase: tipo de carrera de caballos espectacular en la que los jinetes galopan por campos y saltan sobre obstáculos para llegar a un punto de interés en la zona.

Yegua: caballo hembra adulto.